Geest-Verlag
Verlag für engagierte Literatur

*Dieses Buch widme ich meinem Opa
und meiner Mormor. Ohne euch wären ich und dieses Buch nicht so,
wie wir jetzt sind.*

Bis die Zeituhr stillsteht

Amanda Wurm

mit Illustrationen
der Autorin

Amanda Wurm
Bis die Zeituhr stillsteht
Mit Illustrationen der Autorin
Geest-Verlag 2024

ISBN 978-3-86685-721-6

Verlag: Geest-Verlag
Marienburger Straße 10
49429 Visbek
Tel. 04445 3895913
info@geest-verlag.de
www.geest-verlag.de

Druck: Geest-Verlag

Printed in Germany

Kapitel

Weiß(-) Rot Rosa

Tiefgekühlter Kaffeesatz
die Farbe von getrocknetem Blut
überschwemmt den See
meiner Gedanken
Standbild in der Eiszeit
festgefroren
auch dein Gesicht
in meiner Erinnerung

tuckert die Gleisenbahn über die
Schienen

Schaukelstuhlreif

In einem weit entfernten Haus
mein Land
leben zu viele Götter

Wie es nur sein kann
dass ich tauziehe mit dem Leben
die Strahlen von oben peitschen meine Sinne weg
nicht einmal mein Land kann mich vor ihnen
schützen

Briefbomben zersprengen die Mauerreste
ich bete
an die viel zu vielen Götter
doch ich werde wie im Prasselregen vom
Kohlenstoffdioxid ertränkt

Doch zum Glück kann ich schwimmen
unendlich viele Götter stehen mir bei
Bei Götters Willen KANN ich nicht untergehen
Denn was ist Leben, wenn es vorbei ist?

Farben ohne Worte

Rot blinkende Lichter
In Fensterscheiben
Von den Bussen und Bahnen im Spiegelbild
Willst du mal dein eigenes Gesicht sehen
Eine grimmige Kontur entgegen
Allen Richtungen
Allen Erwartungen
Weich und zart
Zwei Weise
In Bunt
Weisen den Weg

Über das Schweigen

Es gibt Zeiten, da ist das Schweigen lauter als
Trompetenfanfaren.
In dieser Zeit siegt die Entschlossenheit; man
bleibt schweigsam.
Mit Plan grätscht man in die Stille, wie Kakerlaken
unter den Matratzen krabbeln. Die Stille
unterbricht das Schweigen. Wer ist lauter?
Längst nicht der Mensch.

Blattsalat

Zeus, Thor, Indra
Nein Wetter
Gewitter
schlittere ich
übers Eis
Cornflakes
von Eisblättern
breche
zerbricht
knackend
Schuh hart
weich, warm
blättern durch
Bäume
Blättertau
nicht mehr da
Wir brauchen keinen Gott

herbstlich

Haha ... ha ...
hab ich's nicht gesagt
Die Bäume werden leerer
die Wege nasser
und die Menschen sturer
Kikeriki
um 06:59 Uhr
wie habe ich es verdient

Haha ... ha ...
hab ich's nicht gesagt
die Wolken werden dunkler
die See brodelt
und die Erde wird hart und kalt

Ha!
Ich habe recht
Immer recht
Iiihh ...
Die quietschende Tür
die kalte Trompete
und die Antwort auf das Wetter

Haha ...
hab ich's doch gesagt
Der Herbst kommt

Deutsche Bahn

„Wir hoffen, Sie hatten eine nette Fahrt mit uns!"
Sputen Sie den Einstieg und den Ausstieg, werden Sie
zerquetscht, kommen wir zu spät. Ihre Schuld, unsere
Geduld; Ihr Name auf unserer Tür.
Ja, wir hatten eine nette Fahrt mit euch.

Meine Moral

Ich sehe dich nicht
Flügel flattern
Summen brummen
bleiben auf ihrem Platz
still gespannt

Hast du mich vergessen?

Wenn Texte texten
um den Punkt herum
dein Gesicht schrieb Gedichte aus Fragezeichen
Hast du Tasten berührt
Wörter gesucht
Tritte daneben getreten
vielleicht gebeten
dass ich anfing

Ich tat es nicht
ich kann es nicht
weil ich nicht weiß
wo du bist
was du tust
was du denkst

Verdenken

tue ich es dir nicht

Beerenstolz

Worte flogen, sie fingen sie auf, kescherten sie ein und zerlegten die Einzelteile zu einem Gerüst von Bildern. Es gefiel ihr. Es gefiel beiden über Stunden hinweg. Bis die Sonne unter und längst wieder aufgegangen war. Eine hatte es noch nie getan; nicht so. Sie schmiss die Regeln hin, die andere schon lange entschlossen.
Es war kein Tag wie jeder andere. Er war auch nicht besonders. Besonders lang vielleicht.

Anna-Leena

Dein runder Bauch wackelt vom Mattenfall
Während du lachst
Und machst
Dass das Baby im Bauch
Dich spürt
Von dir berührt
Ich falle zu tief in deiner Präsenz

Gedanken

Ich sehe den Widerschein der fakesamen Tätigkeiten, der Überzeugung, das Richtige zu tun, um gut zu sein und nicht etwas anderes; obwohl ich nicht weiß, ob sie vielleicht doch echt gemeint sind. Starrend blicke ich auf diesen Austausch, fragend, ob ich auch so bin; genauso falsch, genauso gespielt und ob andere es bei mir auch merken. Dann wiederum frage ich mich, wie wir sonst sein sollen und ob genau das unser richtiges Verhalten ist. Wenn das der Fall ist, beschließe ich, dann will ich nicht so sein, und gehe in eine andere Richtung davon.

Schwere Liebe

Ich will nicht
dich vermissen
nicht über deine Witze lachen
Ich will dich
nicht küssen
dich in den Arm nehmen müssen
mich nicht um dich kümmern
nicht Angst haben
dass es nicht für immer ist

brüllt das Blau im Kochtopf

Lass mich

Lass mich in Ruhe
Lass mich vergehen
Lass mich fliehen und zählen
bis die Tage vorbeiziehen

Segelgegenwind

Sitze und schaue auf meine Kontakte
Suche durch Bilder aus meiner Vergangenheit
Nach Gesichtern
Bekannten
Geschickt bekommen aus reiner Bescheidenheit

Und die wurden nur geschickt
Um zu teilen, wie der Sommer ist auf der anderen Seite
des Meeres
Ich begehre es
Nicht
Das Menschenschicksal ist schon was Schweres

Entscheidungen zu fällen, ist leicht
Wenn wir im Motorboot sitzen und der Wind uns die
Richtung zeigt
Weiß ich
Was
Der will verglichen werden mit der Zeit
die sich zum Ende neigt

Das Foto mit dem Tiger hinter Gittern zeigt die
Zeit, die wir gegeben
Eine Entscheidung für unser Aus
Haben wir
Entschieden
Auf lange Zeit geht die Zeit uns voraus

So sitzen wir mit Fotos im Kopf
Leiten durch Unbestimmtheit die Zeit, die uns zu
Ende geht
Nicht wie
Wir selbst
Da wir uns selbst mit dem Wind in den Segeln zu
weit geweht

Jamie

Und doch bist du so schön
Fast noch mehr als sonst
wie rote Rosenblätter leuchten deine stupsige
Nasenspitze und die Ränder deiner Augen
gegen deine kühle schneeweiße Haut mit deinen
feuchten Wimpern
Und doch bist du so schön
obwohl die Menschen dich als weinerlich empfinden und
du versuchst, dein wackeliges Gemüt auf die Reihe zu
kriegen
Und doch bist du so schön
umrahmt von goldblonden Wellen, die ein Eigenleben
führen und die im Licht glänzen
Rosenrot gegen Weiß
wie ein Blutstropfen in der Schneelandschaft
mit den Strahlen der goldenen Sonne
Und doch bist du so schön

Eine Nacht

Kalte Hände
In der Tasche
Heißer Mund mit weißem Nebel
Tanzen Worte durch die Gegend
Beide gehen durch die Straßen
Die Brücke oben ist jetzt verlassen

Ewige Freiheit

Wer wüsste
dass allein sein
so schön sein kann
dass ein Menschenleben
je wieder gebraucht
denn nicht sein
bei jedem Lebenssprung
bedeutet alles
in der Ewigkeit

Hasenjagd

Du hast mich verlassen
Den Ärmel meines Lebens umgekrempelt
Allein gelassen
Unter Menschen
Du hast mich nicht gelobt
Nur gegeben und
Genommen, genommen, genommen
Jetzt bin ich leer von dir
Nur genommene Erinnerungen
Und
Stehe da wie bestellt
Für Jahre
Bis ich dich
abgeholt
Nehme ein Stück Papier
Und schreibe alles auf
Was du genommen von mir

Ein-Bruch

Wenn Lügen wahr werden
tropfende Lust
wenn Lügen wahr werden
wenn Lügen wahr werden
Lust, dem Kurzen lang zu entkommen
wie Pulvereis
pulverisierend, Knochenmehl
und verzweigte Beine
verzweigtes Licht
das reflexartig perplex flext
durch Prismen
Und scheu steht die Welt nackt vor dir

Sehnsuchtssorge

Das Wunder
das Schöne
das Herrliche am Tag
verzeiht mir jeden Schutz
jedes Mauerblümchen, das ich gepflückt habe
dich
verherrliche ich auch
zu Recht
„Ich werde dich vermissen, wenn du stirbst"

Wenn der Regen fällt

Regen platzt,
Verhängnis fängt
Gottes Plitsch und Platsch
wie eine Blase Luft.
Verhängst du deine mühevollen Sorgen
über den nassen Pfützen;
Nass überlappt das feuchte Surren.
Was denken sich denn die Tränen,
die aus jedem Menschen fließen?
Das glitzernde Wasser einer Seele
im Wirbelsturm mit den Wolkentränen.
Sind sie eins?
Auseinandergerissen sind die Gründe für die
Wassermassen
auf Segeln;
segeln sie fort auf den Tränen
zwischen Wasser, Salz und Seelen

Yellow night

Yellow and blue is green
But a yellow night is nothing
But yellow and blue as you've seen
A yellow night full of hope and trust
In the dark blue sky with the stars
We must
Protect the yellow and blue
From the fights, the wars
We will always distrust
The single pieces
Of red

spiegelt der Todesschein die Schatten
wider

Kriegestod

Im Krieg reitet der Tod durchs Feuer
er ist den Soldaten nicht geheuer
schwimmt durch den Rauch der Stadt
der Rauch hat es satt
läuft auf Stelzen in jede atmende Lunge
bleibt dort für lange

Süß und herzhaft beißt der Tod
kleine Stücke aus dem Liebesband, die Bisse
schmelzen in Rot

Fleh, o weh, der Tod fliegt davon
sucht sich zwei Neue
bis sich das Sterben von vorne besann
fünf neue Opfer, wer überlebt
lebt die Qual
niemand hat eine Wahl

Ein nebelhafter Wahn
zieht an jedem Zahn
die Augen aus
Schlangelt sich die Schlänge durch Ohren und
Glieder
sehen sich die Soldaten bei Mutters Engel wieder

Verschlagenes Tor

Meine Mutter hat die geschwungenen Seerosenblüten
mit ihren Fingern abgezupft.

Ihr Gesicht ist kantig.

Mit den rauen Fingern hat sie Liederbände auf der
Wasseroberfläche gespielt.

Ihre Arme sind voller Muskeln.

Die Seerosen sind ihr runder Rettungsring im gleißenden
Salzmeer.

Ihr Mund ist schmal.

Sie schwimmt gerne im imaginären Meer.

Ihr Kopf ist voller schwarzer fester Haare.

Sie schwimmt schon lange zwischen den abgerupften
Seerosen.

Ihre Augen sind grau.

Jetzt schwimmt sie nicht mehr.

Abenddämmerung

Wenn die Sonnenstrahlen flügge werden
das Rot von den Tagessünden der Engel
die der Vorlauf für die dunkle Decke ist
fahren Sterne höher
als der Wind sie reicht
pustet sie nicht fort
lässt sie hängen bis
der Morgendunst aus den Augen
der still trauernden Engel fällt

Kurzgeschichte

Das unrhythmische, dumpfe Pochen der digitalen Schreibwerkzeuge im Einklang mit meinem Herzen lässt mich trotz des wilden Klopfens in mir drinnen schläfrig gegen die Fensterscheibe lehnen. Ich dämmere fast weg, als ein zerknülltes Papier meinen Rücken trifft. Es ist mir egal, die können doch machen, was die wollen, versuche ich mir zu sagen. Fast gelingt es mir. Dann tue ich das, was ich fast immer tue, wenn ich nervös bin. Ich schreibe einen langen Brief. Beim Ansetzen des Stiftes trifft mich etwas Härteres, ein Stift. Ich hasse Stifte. Ich nehme einen von meinen eigenen und werfe ihn fast unbemerkt hinter mich. Verfehlt. Dafür werde ich noch bezahlen müssen. Das dumpfe Pochen von meinem Herzen und der digitalen Stifte auf den Tablets vereinigen sich wieder im Schlängeltanz, während ein Song im Nebenraum anfängt zu spielen: The winner takes it all.

Eagle eyes

eagerly fulfilling my dreams
eagerly waiting for more
eagerly; wanting to see
so eagerly that I don't know how to be me

Zu viel fürs Aufgeben oder Ich lasse es – los

Wenn du lachst, über mich
Wenn du tanzt, nur für dich
Wenn du gehst, weg von mir
Will ich nichts sein, außer bei dir

Wenn du leuchtest wie der Mond
Wenn das Leben bei dir wohnt
Will ich nichts als bei dir sein
Denn alles, was ich sonst bin, ist allein

Wenn du fliegst und ich bleib
Wenn du siegst und ich zeig
Dass ich auch gut bin
Macht es dann endlich einen Sinn?

Ich will nicht bleiben an diesem Ort
Ich will nichts verdrehen wie du im Munde mein Wort
Ich will nicht verlieren
Ich will nicht krepieren
Nicht siegen
Wenn der Preis ist ein Mord ...

Wenn du isst mich auf
Wenn du stampfst auf mir drauf
Will ich immer bei dir sein
Und sei die Nähe noch so klein

Ich fliege nicht, ich schwebe
An einem Ort und hebe
Dich hoch so weit es geht
Damit einer bleibt und unter dir steht

Gehst du mit mir ...?
Nimmst du mich mit ...?
Sagst du wenigstens tschüss ...?

Geh. deinen Weg.
Ich bleibe hier.

äpfelt das Baumgebäck im tiefen
Traum

Yaka

Nicht der Mond,
Nein
Ich spiegle mich im Wasserglanz wider
Yakamoz
Ich falle
Tiefer
In deinem Wirbelgrau der Augen
Und erzählen mir so viele Dinge
Die ich unbewusst gewusst, verdrängt habe
Über malvenblauen Morgen
Im Taugrau deiner Sorgen
Von mir

Du

Ich weiß noch den Tag, als ich dem Mond von dir erzählte. Das Gras und die Luft waren kühl, es dämmerte bereits und die Nacht kehrte ein. Ich erzählte dem Mond alles in der Nacht. Ich erzählte von mir, meiner Geschichte, meinem Jetzt, alles, was mir einfiel. Aber vor allem von dir.

Tante Muriel

Ich stehe da
mit meinen großen Augen
trotzdem zu klein
um den schönen Kuchen vor meinen Augen zu
glauben
darum muss ich jedes Stück einzeln betrachten
und davorstehend den Kuchen anschmachten
ich kann es nicht lassen,
ich kann es nicht glauben
auf Tellern mit Tassen
das Geschirr voll blauer Tauben
wahrscheinlich ist mein Gehirn noch zu klein
um zu begreifen,
der Kuchen soll echt sein
und für mich,
ganz allein

Wie wiegen wir

Song

Cm
Wie wiegen wir
Gm   Cm
wie liedern wir
Ab   G
den Schläfen hinterher

Cm
Wie träumlen wir
Gm   Cm
wie segnen wir
Ab   G
den schweren Segeln schwer

Cm
Wir wässerten
Gm
wir betteten
Ab   Cm
wir fensterten den Schein

Cm
Das möchte ich
Gm   Cm
das wünsche ich
Ab   Gm   Cm
das wünschte ich mir bei

Nebelsstern

Kalte Unschuld blies sie in die Luft
starrte die Sterne an, als wären sie ein Wunder, als wäre
sie ein Kind, das das erste Mal eine heiße Flamme sieht,
die in Orange und Gelb hin und her
wirbelt

Und sie steht da

bis der Sternenschauer fällt

Mein Raum

Mein Schlaf und ich
reiten durch Träume
tanzen durch Seitenwind
schwimmen durch Köpfe
und singen geschwind
über den Sommerschwer
des Abends

Ist das ein Traum?

Wie ein weißer Schneeteppich leuchtete ihr Gesicht. Unregelmäßige rote Punkte und Flecken zierten die Umrandung, während die dunklen Augenbrauen wie ein wilder Garten im Hochsommer wuchsen. Es gefiel mir.
Ich will nicht gehen.
Ich wollte auch nicht gehen, aber wie hätte ich ihr das sagen sollen?
Lass uns den Wind einfangen! Sie lachte, als sie das sagte, rannte mit den Vögeln zwischen den Blumen, während ich den Versuch startete, sie einzuholen und wir über alle Hügel des Sommers jagten.

Sommerherbst

Brocken kullern mehr
als das Wasser tragen kann
und formen den Sand am Strand
zu Burgen
Bächlein
Kuchen
Himmelweit reicht die See
Wasser voller Brockigkeit
schwimmt bis zum Horizont
bis sie von der Sonne verschlungen sind

Und am roten Himmel fliegen die ersten Gänse

OmaTage

Wunderkerzen in
Flitterwochen
verblassen zu Eis
Omas Uhr tackert zwölf
im Erdbeerkuchenschein
Der Faden aus der Strickschublade
strahlt im gleichen Rot des Ofenfeuers
Verblasstes Eis schmilzt
zu Sonnenbad
und Omas Uhr tackert eins

OmaDämmerung

Die Sonne vergeht
in der Abendglut
vergessen das Sonnenbad
im Flatterlicht
Erdbeerstück mit Kuchenmus
auf zerkratzten Tellern
stehen still
Der Faden zu kurz für die nächste Socke
im Schein des letzten Scheites
und Omas Uhr tackert neun

qualmt der Ofen in Nebelschwaden

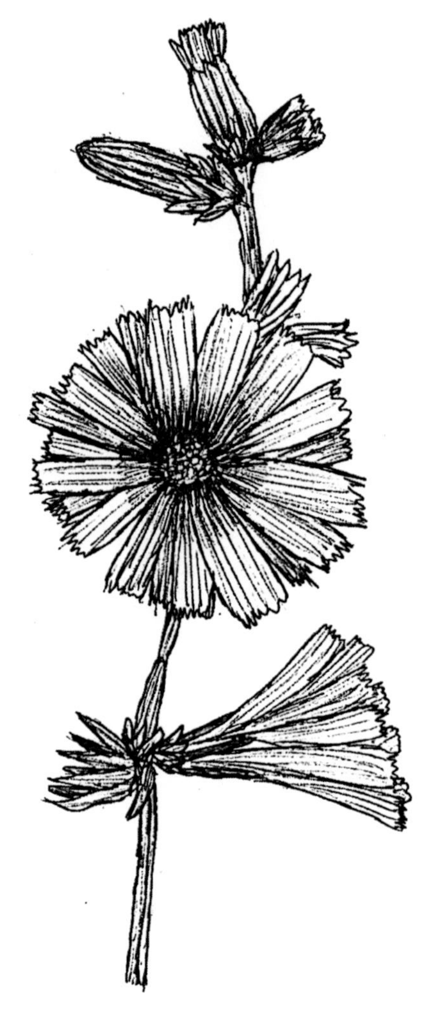

Das Verborgene

Ich setze einen Stich
mit Wolf und Schlange
nicht bezogen auf mich
die leise Weise
auf Morgentrippeln
schreibe ich mein Gedicht

Über Wolf und Schlange
grün und grau
stellen ein Trio zusammen
im Verborgenen zur Schau
meinen Hel
verfehle ich
Rotfadenschein
soll das jetzt immer so sein?

Auf Morgentrippeln
schreibe ich mein Gedicht
zu einer ganz neuen Geschicht‘
verborgen zur Schau
in meinem Gesicht
für jeden zu sehen
ein Dreikampf fängt an
Wer gewinnt?
Streitaxt oder Zahn?
in der leisen Weise

Tonakrobaten

Das Anwesen der Tonakrobaten in den Gehörgängen
falls Tutanchamun und Cleopatra in ihren Särgen sängen
bedrängen
sich gegenseitig
da
hängen
Noten in der Luft
verfallsreif

Kaugummiblumen

Und ich sitze als Person verschlagen
über den Toten, erhaben oder nicht
über die Welt;
zerdrückte Kaugummis, noch mehr zertrampelt;
und?
Ja, Asphalt in Sterbensgrau schmückt
den Bahnhof,
der Deckel für
die Erde
die Toten, Ameisengräber
und tiefer
einzelne Tropfen
vom Erdöl.

Kafka

Ich
bewahre mich
meiner selbst
unauslöschlich.
Türen knarren vor meiner Nase zu.
Ich spiele ein Menschenspiel
des Vertrauens.
Menschenkinder allein
vor meiner Tür.
Ich habe eine Nase, um die Welt zu sehen
durchs Schlüsselloch
und enthaltsam
lässt mich die Türe sein.

Es klingelt im Radio,
meine Herzensglocke.
Chöre von Gesang stimmen mit ein,
in meinem Kopf,
hinter meiner Tür.

Das Kundentelefon klingelt
meine Gedanken weg;
„Hier spricht Haras.“
„Haras, mein Freund.“
„Lass uns gehen in die Bar, durch die Gassen der Nacht!“
„Haras, mein Freund; Haras.“
Ich wünschte, sie würde aufschlagen,
die Tür.
Haras, mein Freund.

Das Gedankenlabyrinth,
das ich bewahre;
hat es je eine Tür gehabt?
ein Mäusefenster? ein Schlupfloch?
unauslöschlich
Haras,
meine Tür
Hasan
Ha...
Habe ich dich gefunden?
meine Tür

Bahnhof

Fettes Gedränge
volle Seelen
in der Menschenmenge
Ameisenbeine
krabbeln wie Dromedare
deine wie meine
Sicherheit platt
grün geblümt
unsere Zehen
von Koffern
Rädern
Lederschuhen
Zigarettenstümpeln
Ecken
Kinderfüßen
Alltagslatschen
„Ups! Fallengelassen ...“
Durch den Strom gezogen
aufgesogen
von einem Magnet
da steht
die Leere

Salz

Extase, Extasenfluch, Extase
Ich bleibe, ich bleibe
Nur hier, nur hier
je bei mir
Extasenich;
berühren mich
Frittenfett
unter den Fingern
und Salz
auf der Zunge
ein wenig zu viel
doch genau so, wie ich es mag
Extasenweg

Sieben

Man sagt, es gibt sieben Sünden. Sieben süße Sünden, für die man bestraft werden soll. Am besten wird man einfach umgebracht. Die sieben Todsünden. Aber ist der Tod nicht selbst eine Sünde?
Mit sieben Sünden hat man sieben Fälle, die einen zu Fall bringen können. Es ist wie im Polnischen. Die haben sieben Fälle; für jede Sünde einen Fall? Fällt man dann nicht zu tief? Gibt es auch sieben Gründe, einen aufzufangen? Wie ein Wasserfall, der mehrere Verzweigungen hat und alles von allem aufgefangen wird. Alle Gründe auffängt. Einer für alle, alle für einen. Es sind nur nicht immer sieben Wasserstrahlen.
Wenn man siebenmal fällt, stirbt man jedes Mal? Siebenmal sterben, wie die sieben Leben einer Katze; oder waren es neun? Wird man auch siebenmal geboren? Stirbt man wie die sieben Todsünden? Aber ist die Sünde nicht der Tod selbst?

Tränenbach

Natürlich habe ich keinen Grund zu weinen
Denn Tränen sind Wasser mit Salz
Wieso sollte ich Wasser mit Salz loswerden
wollen?
Wasser mit Salz mit Proteinen und Enzymen
Wieso sollte ich sie loswerden, diese Tränen?
Wieso sollte ich sie fühlen, wie sie heiße Bahnen
über meine Wangen ziehen?

Und diese Kerben
Heiße Flüsse
So tief wie das heiße Magma
Brennen sie sich

Wasser und Salz sind Meere
Tränen, die ein Meer ergeben
Reichen nicht die sieben großen, die wir vergossen
haben?
Sie reichen weiter als das Land
Sie reichen weiter als der Fluss, der sich über
meine Wange zieht
Wie es gegen Klippen plätschert und Kiele
klatscht

Was sollen wir nur machen ohne Tränen?

Gefreestylet

Ich bin frei
Aber ist es mein eigener Style?
Bin ich ich?
Wer ist ich?
Was bin ich, wenn ich bin?
Ich bin ich?
Bin ich frei?
Bin ich frei und ich?
Bin ich genug, wie die anderen?
Aber bin ich dann noch ich?
Ich freestyle mich
Ich
Gerfreestylet
Abgepauscht von mir selbst
Gott,
Herrjemine,
Ich will frei sein

(Vom) Ich

Kann das Leben lieben?
Kann das Leben singen und spielen?
Kann das Leben siegen?
Und was kann ich?

Katzentatzen

Manchmal ist es zu ruhig in meinen vier Wänden. Dann mache ich eine Musik an oder ein Hörspiel. Ich drehe das Rad lauter und lauter auf meinem CD-Spieler; aber die Ruhe bleibt.

Im Selbstgespräch konfrontiere ich mich selbst. Rede mir ein, dass ich vielleicht nicht verrückt werde und gebe auf, weil ich mich zu gut kenne. Wer kann schon mit sich selbst einer Meinung sein, wenn es keine gibt?

Mein imaginäres Orchester wird aufgefahren und spielt Balladen über das Heimweh. Irgendwie passt mir das Orchester nicht, ihr Repertoire ist zu begrenzt. Ich gehe unter Menschen, packe meine kleine Tasche und trete raus; da ist immer Lärm.

Man hört den Autochor auf den Straßen rauschen, die Menschen tratschen, die Blätter rascheln und die Flugzeuge zwischen den Wolken brummen. Es ist alles viel zu ruhig.

Dann sehe ich eine streunende Katze. Der Rücken ist gestreift und ihr Bauch ist weiß. Ich hocke mich hin und sie kommt langsam zu mir. Sie streift um meine Beine; ich streichle sie; und sie maunzt.

Das Miauen ist das lauteste Geräusch, das ich an diesem Tag gehört habe.

Herbstbeginn/Wenn die Schatten länger werden

Wie Glassplitter fällt es auf die Stirn, die Wangen und die Nasenspitze. Durch das nasse Platschen der Schritte geht sie die steile Straße hinab, liebt die Ignoranz der wenigen Menschen auf ihrem Weg und beobachtet alles, was den meisten Menschen nicht auffällt. Sie glaubt, die Abgase der fernen Autos zu riechen, und schmeckt das feuchte Laub, während die Einsamkeit ihr den Atem raubt.

Kindheitstraum

Kindheitstage still verbracht
klingt am Tage hell und wach
doch nachts, wenn ich nicht schlafen kann
fangen die bösen Träume an.

Träume von Monstern
unter den Betten
von Gespenstern
von Mäusen, Gewittern
Träume vom Alleinsein
vom zu klein sein
nicht dabei sein
in dunkle Höhlen versteckt sein
von der Nacht
ohne Mondschein
Träume, unbewacht
Soll das so sein?

Kindheitstage still verbracht
ist am Tage hell und wach
doch nachts, wenn ich nicht schlafen kann
fängt die Wirklichkeit wieder an

Hammerdurchschlag oder Nachttagtraum

6:14
Und ich lache, lache, bis ich nicht mehr kann. Renne ins Gemüsebeet, es ist doch ein Gewächshaus, laufe drumherum und zwischen den Büschen.

6:20
Bald, ganz bald gefunden, rot und rund und sauer, Beeren. Esse sie auf, Gänsehaut voller Sauerkeit.

6:27
Ein Uhu fliegt weg, zum Sommerhaus. Etwas ist passiert. Ich renne. Ein Hammer; auf den Kopf.

6:38
Es ist Dienstag.

schlägert die Turmuhr im Klang

Ränge oder der Nachtzirkus

Die Ränge brüllen
Die Stühle klatschen
Der Boden schnattert wie Elefanten trampeln

Trompeten stehen, wie die Töne klingen
Fest und frei
Wie der Wind der Akrobaten
Sie schwingen Tarzans Tanz in Hochkunst
Überwürfeln das Schicksal jedes Sturms von
Applaus
Überfliegen das Fliegbare
Wer könnte es übertreffen?

Und die Ränge ruhen
Die Stühle halten
Der Boden steht da
Bis die Applaus-Granaten fallen

Die Planen zerfetzen wie ein brennendes Papier

Bebende Beobachtung

Wenn die Blicke Blamage erwarten
bebend beten
auf den Wunsch bebender Belustigung
bleich geblichen
auf das das Backenleuchten brutzelbar
brennend
beißend bleibt;
durch die blickende Blamage
bebende Bedachtheit,
Beobachtung
bis zum Schluss

Feathers

Feathers on my skin so light
be a bird, fly and cry
fly so fast they fall
fall up and down
turn around
a fight
bird

Die Mauer

A: Mauern sind das Fundament unserer Existenz. Steine über Steine. Zusammen haben wir sie errichtet.
F: Und zusammen haben wir sie auch zerstört.
A: *Widerhall:* zerstören *(bis F unterbricht)*
F: Vor lauter Steine sehen wir keine Menschen mehr.

F: Wir grenzen uns ab. Vereinsamen in diesen Mauern, die wir errichten – zu was eigentlich?

(Gleichzeitig)

Zu Fortschritt wohl eher nicht. Sie stören unsere Kommunikation, die zwischenmenschliche Interaktion, eine vernünftige Koalition. Sie blockieren den Geist. Blockieren den Fleiß. Blockieren uns in unserem Sein.
Und das alles nur für einen Schein, den wir nicht wahren können.
Weil wir sie bauen –
Eine Mauer

A: Die Solidarität! Du vergisst die Solidarität! Eine Mauer ist stark, sie ist imposant. Durch sie entsteht Kultur, Glanz, Fantasie ... Schutz vor allem, was Menschen negativ beeinflusst, ihre Sinne trübt. Struktur und Klarheit ohne Mauern gibt es nicht. Wir brauchen Grenzen!
Ohne Überblick
keine Ordnung. Wie willst du dein Leben ohne Ordnung leben?
Eine Mauer ...

A: Sekunden vergehen, aber Mauern nicht.
F: Kein Wasserfall, sondern ein Mauerfall. Es regnet Schutt und Asche.
A: Imposant wie graue Löwen stehen sie da.
F: Wie ein Mauersegler überfliege ich alle Hindernisse.
A: Ein Überflieger bist du!
F: Und du ein Mauerblümchen.
A: Und dann kommen die Wanzen und tanzen ...
F: Nicht auf der Mauer, sondern in der Mauer!
A: Auf der Lauer?

F: Dann mauern wir die Mauern ein!
Beide: Hinter Mauern können wir schreien,
hinter Mauern können wir weinen,
hinter Mauern können wir sein.
A: Es bleibt ...
Beide: ... die Mauer.

blumen die Beeren am Bach

Vom Leben

Das Leben besiegen
durch Himbeerfäden
Schattenlichter leuchten nun bunt
lass los und sei mit mir
denn nur ich
bin immer vom Leben
bei dir

Liebe

Ich liebe dich
und du liebst mich,
aber der Grund, weshalb ich dich liebe
ist, dass du mich liebst.

Märchenrot

Wenn Blicke binden
Ängste schwinden
und ich dich sehe
Regenblau mit Schneeweißblässe
geziert von rosa Bäckchen
still

Wenn Wörter purzeln
bis sie nicht mehr können
ich liebe es
vielleicht auch dich

Alte Sandstreifen

Lachendes, perlendes Wasser,
das warm über meine Haut
jede Beugung und Kurve überfließt,
ohne etwas zu sagen,
mir Komplimente macht,
mir verspricht,
warm zu bleiben, und
die alten Falten wegspült

Carolin

Du sitzt mit deinen langen roten Haaren
Lachst das Leben an dir vorbei
Und ich freue mich
Freue mich
Deine Freundschaft zu genießen
Genau wie du deinen Apfelsaft genießt
Eiskalt mit Krümeln
Am Bodensee

20:36

Ich trample durch die dunklen Straßen
mit dem Sternenschein von oben
betrunken
von der Luft der kühlen Nacht
und Fliegenschwirren um mich herum
Ich atme das Glück des Alleinseins
mit dem Geschmack von Regenfeucht und Herbstanfang
trage die Leichtigkeit der Freiheit
und mein Geist fängt wieder zu blühen an

Bis zum Ende

Ich will dich küssen
dich nicht missen
dich spüren
wenn du lachst
berühren
Ich will die Sterne mit dir zählen
zwischen Zitronen- und Mangoeis wählen
dir nachjagen
dich fragen ob du mit mir gehst
bei mir stehst
zum Ende gehst
bis die Segel nicht mehr tragen

Verzeichnis der Illustrationen

Inhaltsverzeichnis

Die Autorin ist zudem in folgenden Büchern vertreten

Dann denkt mal,
Denkmale!
Mama, Papa –
Danke, dass ich kein
Nazi bin!
Herausgegeben von
Anna Hackstedt
Friedrich Barklage,
Maria Buchtijarova
Dora Drescher, Paula
Frieling, Neo Götting,
Anna Hackstedt,
Aleyna Köybasi,
Amelie Kröger,
Madlen Kunz, Jolin
Meinecke, Paulina
Miersch,
Felix Nienaber, Lara L. J. Robbers,
Fenja Steinkamp, Amanda Wurm
Geest-Verlag 2024
SBN 978-3-86685-952-4
156 S., 10 Euro

Das Erstarken antidemokratischer rechter Gedanken ließ in der Schreibwerkstatt des Gymnasiums Antonianum in Vechta die Idee entstehen, einen Band von den jugendlichen Autor*innen und Freund*innen zu dieser Problemlage zu verfassen. Dazu gehörte unter anderem, dass einige der Jugendlichen auf einen

Wochenendworkshop in die Gedenkstätte Ravensbrück (ehemals Frauenkonzentrationslager und Jugendlager Uckermark) mitfuhren und dort eine intensive Auseinandersetzung mit dem mörderischen Tun im Nationalsozialismus führten. Andere Texte entstanden im Rahmen einer schulischen Schreibaktion, einige in der wöchentlichen Schreibwerkstatt oder auch daheim.
Eine Textsammlung, die anderen Jugendlichen und Erwachsenen Ansätze zur Auseinandersetzung in Schule, Freizeit, Verein und in der Familie bietet. Demokratie, so ein wichtiger Grundgedanke, entsteht am Küchentisch. Und so haben die Jugendlichen wirklich voller Dankbarkeit den Titel dieses Buches ihren Eltern und anderen Erwachsenen gewidmet, dafür, dass sie vom rechten, antidemokratischen Gedankengut verschont blieben.

Buntglasschatten

Dora M. Drescher
Neo Götting
Inga Hagemann
Despoina Aisin Kelertzi
Tilda Kolhoff
Aleyna Köybasi
Lara L. J. Robbers
Lina Weigel
Amanda Wurm

ISBN 978-3-86685-941-8
ca. 160 Seiten
12,50 Euro

Brücken bauen aus Buntglas,
Brücken bauen über Schatten.
Was umgibt uns?
Was ist das Kleine, das uns groß erscheint
und das Normale, das eigentlich so abstrus?

Neun junge Autorinnen und Autoren widmen sich diesen Fragen in eigenen Texten und Illustrationen, in den letzten zwei Jahren im Rahmen der „Schreibwerkstatt“ des Gymnasiums Antonianum entstanden. Auf ganzer Bandbreite wie Farbpalette wird ein Bild des Lebensalltags gemalt- wie die Autoren sie wahrnehmen und wir alle sie erieben. Und doch steht zwischen den Versen und Zeilen nichts Banales, werden Menschen im forensischen Blick durchleuchtet und dann doch warm gezeichnet.